지구에서의 마지막 여행

지구에서의 마지막 여행

시인수첩 시인선 073

이사람 시집

여우난골

| 시인의 말 |

당신을 놓치고
여러 해 앓던 적이 있었다
도무지 할 수 있는 게 없어서
한나절 겨울 강가에서
매운 생나무 가지나 태우고 돌아오던
어제의 나에게

오늘에서야
늦은 용서를 빈다

| 차 례 |

2부

3부

4부

1부

이별을 읽다

나를 앉혀 두고 당신이 왼쪽으로 눕는 것을
이별이라 부른다

내가 오른쪽에 서지 않았다면
우리는 어디까지 따뜻할 수 있었을까

이별은 어제 죽은 자의 오늘

당신이 없는 거리에선 지는 꽃이 더 붉었다
바람이 지날 땐
꽃잎은 버리고 떨어진 향기만 보았다

이별은 이해되지 않는 장문의 편지
창의 왼쪽을 바라보는 난
새벽까지 한 문장도 빠져나오지 못했다

하루는 생의 마지막처럼 저물고
나는 강가에 서서

오지 않을 즐거운 것들을 생각한다

당신이 등을 두고 간 자리에서
젖은 돌 하나를 주웠다
모가 닳았다
동글해져야 하는 것에 대해 생각할 시간

당신은 가장 깊은 수심에서 건져 올린 돌
다시 던져 강으로 돌려보낸다
수면에 그려지는 동그라미

자꾸만 당신 얼굴이다

바닷가를 걸으면

맨발로 바닷가를 걸으면
아직 성을 쌓지 못한 저녁의 어두운 모래들이
발가락 사이에 찰나의 집을 짓네

파도와 함께 빠져나가 버리는 것은
모래가 아닌
잠시 모래를 쥐었던 시간

두꺼비 집은 아늑하고 따뜻한 내실
그래서였을까?
검은 사제처럼 달려들던 파도에 침수되어도
고해성사를 위해 밖으로 나오지 않았다

아카시아 가지를 꺾어
가시를 바른 후
묘비처럼 꽂아 세워두던 어린 저녁이 있었다

병아리의 노랑 죽음을 알지 못했던

어린 슬픔이
할머니의 죽음으로 성큼 이동해 가버리는 동안
거리엔 또 벚꽃이 지고 있었다

살얼음 낀 바닷가에 조약돌을 던지다
어떤 기약도 없이
유연하게 바닷물과 섞이지 못하는 소리가
서걱서걱 차갑게 묻힌다

오래전 놓쳐버린 것들이
소실이 아닌
일종의 유예라고 나를 설득하고 싶은 밤

날이 풀려 발목을 걷고 들어가면
바닷가 그 어디쯤에선가
다시 주운 조약돌은 알뜰하게 반짝일 것이다

하지만 내 사랑은

정작 다시 그러하지 못했다

단칸방

젖은 연탄 피우는 연기
움푹 꺼진 부엌에 잘팍히 고인 밤이면
우리는 좁은 필통 속
연필처럼 나란히 누웠다

깎아보면
심이 곯아 다 부러져 있는
여섯 자루의 아픈 연필

찬 기운이 기어들지 못하도록
한 몸으로 붙어 누운 새벽
잠에서 깨어 바라본 유리창은
밤새 여섯 자루의 연필들이 뱉어낸 입김에
온통 눈 덮인 풍경

산엔 백목련, 들국화
들판 너머엔 설국(雪國)으로 달려가는 기차
하늘엔 먼 데로 흩어지는 구름

그리고 얼굴, 얼굴들…

아버지는 이미 부러지고
어머니는 부러질 날을 기다리고
두 형과 한 누나는 다른 필통 속에서
일가를 이루었지만

난 아직도 잊지 못하네
필통 속 잘 부러지던 연필들의 심,
그 흑연 냄새를

관절염

어머니 무릎에 강이 흘렀다
걸음을 옮기면 강물 소리가 들렸다
그 강엔,
물렁뼈에 의지한 지구의 중력과
어머니가 걸어 온 세상의 길들이 산다
오래전 샛강이었을 때
어머니는 운동화를 깁다 새벽 강을 건넜고
빈 쌀독을 다독거리다 눈 덮인 겨울 강을 건넜다
늘어나는 나의 발 치수에 맞춰
강폭은 넓어지고 수심은 더 깊어졌다
어제도 차오르는 강 수위를 낮추려
약손한의원과 샛별약국으로 가는 강을 건넜다
강을 건너고 난 어머니는
광목천으로 시린 강의 마디를 여몄다

언제부턴가 내게도 강물 소리가 났다
어깨에 샛강이 흘렀다
강물이 등줄기를 타고 잠자리까지 차올랐다

아침저녁 강물 소리를 들으려
귀는 강의 초입에 쫑긋 서 있었다
산다는 건 몸에 강을 하나씩 들이는 것이다
저녁 바람 뒤끝이 젖었다
내일도 강물 소리가 무척 요란하겠다
집으로 돌아오는 길
누군가 파스를 붙였나 보다
마을에 어머니의 강물 냄새가 난다

배웅

아버지가 굳어버린 노을처럼 누워 있다
낮엔, 그래도
콧등으로 풀잠자리의 날갯짓 소리가 멈추지 않았는데

아프지만 따뜻했던
이젠 아프지 않지만 차가운
아버지가 괜찮다 하시며 내 손을 헐겁게 쥐신다
하나도 괜찮지 않은데
자꾸만 이젠 다 괜찮다 하신다

부러진 생나무처럼 쓰리던 날들을 버리느라
밤새 나무껍질 같은 숨을 뱉어내셨다
큰물 든 강에서 종일 건져 올린
떼를 묶는 젖은 등에 달라붙던 산비둘기의 울음도
매미 소리가 달궈놓은 한낮의 외진 길에서
어깨를 뜨겁게 디디던 바람도
종합선물세트를 사 들고 53번 버스 정류장에 내리시는
눈 내리던 크리스마스이브의 저녁도

버려진 날들이 허둥대며 뜨고 난 자리엔
한 번도 가득 채워보지 못한
아버지의 주름진 생의 빈 포대만이 놓여 있었다

당신마저 버리시기 전
헐거워진 조리개 같은 동공 속에
나를 담고 계셨다

아버지도 두려우셨던 거다
그리하여 낯선 길에 섰을 때
내가 함께 있다고 믿고 싶었던 것이다

사랑, 그 비빔밥

우산이 감당할 수 없는 사랑이라서
우산을 버리기로 했다

문득, 저기서 내리치는 번개 뒤따르다 탄식하던 천둥
너와 나를 빼닮은 형식

다 비벼버리고 싶었다
이 지긋지긋한 생을
조만간 상해버리게 될 사랑을 팩에 싸 들고
비 내리는 가을 숲으로 갔다

녹슨 피뢰침 같은 숟가락으로
땅을 파 양푼을 만들었다

이미 부러진 나뭇가지와 부엽토를 넣고
흙탕물에서 건진,
다시는 4월로 돌아갈 수 없는 꽃잎을 허겁지겁 넣었다
먹을 수 없도록 아프게 비벼지는

마지막 밥상에 대한 예의일까
한술 떠 삼켜보지만
그때마다 목구멍에 걸리는 잔가지들
양푼에 국물처럼 고인 얼굴

쓰러진 나무는 그림자를 걸지 않는다는
너의 말이 거짓이길 바랐다
그래서 집을 나설 때
이제 더는 돌아오지 않겠다는 다짐 대신
주머니에 열쇠를 챙겼다

네가 두고 간 이끼 낀 숟가락에
꽃 한 송이 번쩍 피었다 지고
찬 가을비 내리꽂는
비우지 못한 어둡고 깊은 그 웅덩이 앞에서
난 아직도 숟가락을 들고 서 있다

고라니

늦더위에 풀을 뽑다
콩밭 건너편 무덤을 본다

무덤가에 자리 깐 그늘에 이끌려
비석처럼 앉았다

주인은 참으로 너그럽다
별말 없이 한 자리 내어주고도
간간이 부채질까지 한다

무덤의 주인을 알고 있다
생전 무덤에 살다시피 한,
몇 해 전 세상 버린
문 씨 할머니의 오래된 외자식이다

가끔 대면하던 고라니
발끝으로 가다 서다
왜가리 목을 빼고 무덤 쪽을 본다

콩밭이 걱정된 나는
고라니를 쫓으려 자리에서 일어나
자갈돌 한 개를 집어 든다
하지만 마음을 다시 앉힌다

고라니 걸음걸이가
문 씨 할머니를 참 많이 닮았다

그림자

1

그는 노인의 관절과 함께 짧아졌다 리어카엔 철 지난 기삿거리만 바람에 들썩거렸다 골판지 팔백 원이 노인보다 무거웠다 접힌 허리를 세워 가죽으로 덧댄 노인 이마를 폈다 한낮의 매미 소리가 데워 놓은 탁사발을 털어 넣고 노인 입을 쓰윽 감췄다 오후엔 제비가 골목길에 물수제비를 떴다 물 먹은 바람이 관절에 근량을 더했다 소나기가 준 불편한 휴식에 빈 그늘만 싣고 저녁으로 잰걸음을 했다

2

집은 바람도 북쪽으로만 터를 다졌다 노인은 달볕이라도 쬐며 겨울을 나려 계단 끝에 거처를 마련했다 노인을 밀고 오르는 것은 언제나 술 힘을 빌린 그의 몫이었다 계단을 오른 등 뒤엔 풍화된 노인의 허물들이 절벅거렸다 밀린 달세는 밤마다 빼꼼히 문을 열고 안부를 물었다 천장은 젖은 폐처럼 기침을 했다 비닐 창에 서리가 자개 수를 놓던 밤, 눈길에 걸음마를 하다 낙상한 노인을

둘러업고 달포를 세 발로 걸어 다녀야 했다

3

발에 밟힌 눈이 악다문 이빨 소리를 냈다 보건소에 잠시 들렀던 노인이 부산 영도구 복음병원에 가 눕던 날, 간이침대에 쪽잠을 청하며 밤새 노인이 떼어 낸 불면의 딱정이를 받아내야 했다 병실 창엔 새끼들의 들깨 같은 눈알만 돋았다 냉 구들장에 등뼈를 묻던 노인의 꿈엔 항상 뜨끈한 국밥 끓는 냄새가 났다 농담처럼 병원이 효자라고 말했다 노인은 병실 침대보에 서너 개의 마침표를 흘리고 다신 병원을 나오지 않았다

4

염을 하는 동안 노인은 몸을 모로 눕혀가며 오래전 휘어져 버린 생의 중심을 바로잡았다 의자에 길게 앉아 질긴 시선으로 노인을 바라보던 그는 노인이 얇은 송판처럼 들려 관에 눕혀지자 말없이 노인의 등으로 가 누웠다

그 집을 지나며

축대를 쌓아둔 그 집을 지나면
외투 속주머니가 축축해진다
오랜 시간 새어 나온
그 집의 누수된 슬픈 내력 때문일 것이다

뜯어진 철망을 타 넘어온
어두운 풀벌레 소리에 이끌려
가파른 길을 오르면
너와집처럼 바람에 수긍한 자세

이 거처는 주인의 굽은 등을 닮았다
문이 등에 맞춰 낮아진 것일까
등이 문에 맞춰 굽어진 것일까

거두어들이지 못한 소쿠리에
달빛을 쬔 늦가을 것들이 붉다
달빛도 오래 쬐면 끄슬린다는 것을
내려오는 길에 알게 되었다

주인의 부재란
절집으로 돌아가지 못한,
버려진 당집에 걸어둔 빈 바랑처럼
쓸쓸하다는 것도

반쯤 땅으로 꺼진
쪽창으로 기어 나오던 차고 늙은 기침 소리

간간이 정신을 추스르던
축대 끝에 달아둔 가로등 불빛이
다 탄 연탄재들 위에서
그래도 살아있는 동안은 따뜻해야 한다고
밤새 흔들리고 있었다

개 꼬리

문을 열고 들어서자
우리 집 해피 녀석, 해피해서 죽을 것 같다고
죽여 달라고 꼬리를 흔든다
아니, 휘두른다

길을 막아서는 녀석을 발로 물리고
방으로 들어가자
그 녀석 상주처럼 문짝을 긁어대며 박박 운다

그래, 당신을 생각하면
나도 개 꼬리처럼 나를 흔들던 때가 있었지

연탄집게가 부러진 아궁이 앞에서
바람이 벌려 놓은 지붕 밑에서
시간도, 거리도
당신에겐 참 어둡던 때

머리를 바닥에 붙이고 꼬리를 흔들다

결국 꼬리가 몸통을 흔들던
바짝 당신에게 납작했던 시간들

축대를 짚고 가는 바람의 기척에
나의 귀가를 그렸을 당신도
한때는 분간도 없이 흔들던 개 꼬리였을까

밤새 밖에 두어 영영 잃어버린,
이제는 더는 흔들 수 없는 그 개 꼬리
그래서 꼬리뼈라도 더듬어 보는 밤

참 미안하다
그때 좀 더 아프도록 흔들지 못한 것이

빈집

바람이 채질하던 덕석에 가을볕이 시끄럽다
가을 장맛비에 손을 탄 장독이
몸을 뒤집어 할머니의 손맛을 털고 있다
습관을 지운다는 건 자신을 뒤집어야 하는 거다

들깨 턴 밭에서 사부작대던 저녁이
댓돌 무릎까지 차오르자
단단한 바람이 수수깡 벽을 잡아 비끄러맨다
새 앞가슴으로 앉아 군불을 품던 아궁이는
설마른 할머니의 기억을 때고
굴뚝 그늘엔 산까치의 발자국이 부산스럽다

대추나무 손가락 마디가 굵다
늙음이란 순을 낸 마디에 굳은살이 서는 거다

문지방 시리게 들락거리는 문풍지를
마을 개가 꼬리가 길다고
타지에서 돌아온 늙은 아재처럼 나무란다

곡간 창엔 들쥐들이 달을 켜고
할머니가 내어 준 세간을 새벽까지 정리한다

겨울이 마을 들머리에 왔는지
낙수그릇에 잔별들이 이를 달달 떨며
큰 눈이 오던 날
뒷산으로 마실 간 할머니를 기다리고 있다

새의 목도리

눈보라를 피해 날아든 새들이
식은 굴뚝 담벼락 아래에 장작처럼 쌓였다
목도리를 선물해 주고 싶은 생각

구겨 신던 신발 옆에서 얼어 죽은 새를 주워
그에게 목도리를 만들어 주었다
새소리는 보관할 수 없으므로
봄이 오기를 기다려 지붕에 던져두었다
한동안 목도리를 두른 그의 웃음이 떠다녔다

목도리를 두르고부터
그는 귀에서 소리가 난다고 투덜거렸다
나는 이명이라고 우겼지만
그는 새의 목이 부러질 때 나는 소리라고 했다

주삿바늘을 보면 새의 부리가 떠오른다며
그는 가루약을 편애했지만
읍내 터미널 허름한 건물에 개원한 의사는

주사와 친해져야 한다고 타일렀다

새들이 달력의 날짜를 쪼아 먹을 때마다
그가 목도리를 벽에 걸어두는 날이 늘었다

서울 큰 병원으로 그가 실려 가던 날,
집 마당에 새들이 모여들었다
새들은 모두가 그의 목도리를 닮았다

그의 목도리가 버려지던 밤,
한 무리의 검은 새들이 북쪽으로 날아갔다
그 후로도 한참
목도리가 든 비닐이 푸드덕거렸다

소아과에 다녀온 아들 녀석이
목도리를 벗으며
귀에서 자꾸 새소리가 난다고 칭얼댄다

이제야 그의 말이 귀에 들어온다
귀에서 소리가 난다던
새의 목이 부러질 때 나는 소리라던

그에게 너무 미안해지는 저녁이다

그리운 수족관

마트는 동물원이야 동물들은 질소에 잠들어 있어 건드리면 빳빳하게 성을 내 세게 움켜쥐면 펑 하고 울음을 터뜨리는 녀석도 있어

아이가 들어왔어 고래밥을 한 개 집어 드네 고래에게 밥을 줄 모양이야

고래밥이 정말 고래의 밥일까
아니라면, 동해에 서식하던 고래가 진화해 육지로 걸어 나온 걸 거야

동해노래방에서 고래를 사냥하던 기억이 나 그녀는 고래의 속눈썹을 가졌었지 고래 숨구멍 같은 입으로 긴 한숨을 뱉어내곤 했어

어쩌면 고래밥은 수족관일 수도 있어 오징어, 거북이 심지어 한쪽 어깨가 허물어진 별들도 살거든

수족관에 어떻게 그 많은 바다 생물이 살까
수족관은 심해처럼 깊을 지도 몰라 그게 어부가 커다란 그물을 들고 마트에 오지 않는 이유일 거야

수족관은 왜 내 마음처럼 깜깜한 걸까
햇살이 들면 어둠에 익숙해져 버린 물고기들의 마음이 쉽게 상하기 때문일 거야

어! 수족관 뒷면에 입장료가 붙어 있네 이건 분명 내 기다림의 시간일 거야

떨어진 수족관에서 어류들이 우르르 흘러나왔어 사각형 어보가 어류들의 이름과 서식지를 설명하네 그녀의 서식지에 대한 기록은 어디에도 없어

집으로 가는 어두운 골목길
젖은 별이 그리움에 부레처럼 부풀어 올랐어 나는 그녀가 없는 수족관에 살고 있는 것인지도 몰라

수족관을 흔들어봤어 스읏스읏 그녀와 듣던 파도 소리가 들려

조용한 날들

늦은 아침 약수터에 다녀와
어제 차려 둔 밥상으로 허기를 지우고
마당에 널린 바람을 심심하게 쓸어 모은다

한 무리의 새들이
물컹거리는 오후를 끌고
북향으로 선 산을 빠져나간다

거실에 TV를 보며
지나간 시절의 대사를 중얼거리다
늙은 대문 우체통에서
기다리지 않은 편지를 뒤적거린다

담배 한 갑을 사 들고
가게를 나서자
안면을 튼 바람이 머리카락을 쓸어 쥔다

끈 떨어진 슬리퍼를 끌고

허물어지다 만
좁다란 골목 담벼락을 지나 강가로 간다

물안개를 건너온 노을이
산허리를 헛디디며 쓰러지자
마을 쪽으로 어둠이 멍처럼 번진다

그리고 나서,
나는 당신을 생각한다

거처

거미가 풀잠자리로 삼베옷을 짓는다

한 타래의 꽃대처럼 연잎에 붙은 청개구리
더듬이를 든 까만 다족의 상여꾼들은
가물어 풍장을 하려는 걸까

웃어도 웃음이 나지 않는 빈집
울음이 다 빠져나간 울음주머니가 울었던 바깥 방향으로 말라붙어 있다

말라서 죽었을까
죽어서 말랐을까
죽음이란 마지막으로 내딛는 네 발의 거처

그믐밤, 이슬을 혀로 찍어 연잎에 유서를 써 두었다
연밭을 지나는 바람에게 입혀주면
번지지도 지워지지도 않고
후생에 다시 올 사람의 수의가 된다는데

어디까지를 바라보려 했던 것일까
백태 낀 면경 사이가 아득하다

생은 도무지,
뿌리치며 가기만 했던 것일까
바닥에 흘린 왼손이 그렇다 그렇다 그늘을 흘려 쓴다

오른손이 더듬던 미련을 왼손이 모르게 하려
왼손을 잘라버렸을
그래서 오른손을 다짐처럼 꼭 쥐고 있는

손끝에 굳어버린 멍울들
두 손으로 내리 쓸어 닫았을 감기지 않던 눈꺼풀
마지막은 손을 쓰지 않고 감았을 것이다

산그늘을 이다 꺾어진 연잎에
빗방울이 뱅그르르 돈다 흩어진 염주 알처럼

집어 든 왼손에 흙을 털어 되돌려준다
남겨두지 말고 다 가져가라고

2부

메시지 예약 전송

일주일 전 세상 떠난
친구에게서 메시지가 왔다

잘 있지
난 잘 왔다
생각보다 그리 멀지 않더라
그때 수고 많았고
고마웠다
배터리가 없어
더는 연락 못 한다

오늘의 날씨

1

잘못 읽은 점자를 다시 읽듯 알람을 재운다 놀다 버려둔 퍼즐처럼 어질러진 아이들은 아직도 어제저녁, 지난 겨울의 아내가 탁자에서 인사를 한다

애들은…? 미안해

염증 낀 목젖 같은 알전구가 뿌옇게 흔들린다 눈발이 소복이 쌓인 창틀이 먹먹히 받아 들던 뼛가루 그릇 같다 문을 나서자 음식물 쓰레기봉투가 입양 전날 아이의 언 손으로 매달린다 분리된 것들은 왜 사지가 묶여 있는 것일까? 손가락을 꼭 움켜쥐던 자국 버려지기 전의 것들은 늘 흔적을 남긴다

2

손을 비벼대며 불가에 달라붙은 따개비들이 떼어낸 졸음을 태운다 간간이 불길에 던져지는 마른 장작 같은 기침 소리 경적을 울리는 주전자가 눈 덮인 새벽의 설원을 달려간다 행선지를 묻는 낡은 장부엔 이미 떠난 자들의 붉은 발자국들 남은 자들은 꺼진 담배를 횃불처럼 손에

들고 어제의 신문으로 아무 일 없는 오늘을 읽는다 하루는 이미 엎질러진 물약 식어가는 드럼통엔 놀이공원에서 사주지 못한 솜사탕이 흘러내린다 막내 녀석의 눈물처럼 그는 이미 와버린 오늘을 아직도 기다리고 있다

북회귀선

너의 목소리가 비스듬히 기우는 밤이다
너는 저기 녹슨 별에서 오는 것일까
아니, 한동안 닦지 못한 창틀에서 오는 것인지도

칸나가 불타는 한낮,
너의 방향으로 얼마나 기울었을까라고 물으면
23.5도 아득히 꺾어지는 기억

해진 신발 코는 한 방향만을 그리워해
걸음을 옮길 때마다 뒤뚱뒤뚱 먼 이국을 읽는다

서랍 속 편지의 생각을 더듬거리면
어제와 오늘 사이
깊게 두 번 접히는 봉투의 표정

풀칠을 하자
발을 헛디딘 추신의 불면증이 하얗다

너와 나는 지금 북회귀선을 지나고 있다
멀어지기 위해 다시 가까이 닿는

서로에게 가물가물한 밤,
나는 망원경을 들고 창가에 선 목이 긴 점성술사

새벽에 시드는 칸나에서
지구의 슬픈 자전 소리가 들린다

트랙에 갇히다

언제부터 나는
레코드판 위를 걷기 시작했던 것일까

바늘처럼 뾰족한 구두를 신고
트랙을 디디면
지나간 발자국은 또렷하게 낯설어진다

사실, 지나간 길은 그만 지워지기를 바랐다
하지만 넘어진 자리에서
반드시 또 넘어지는 쇼트트랙 선수의 징크스처럼
줄곧 엇박자에 걸려 넘어지는 기억

그래도 여기까지 올 수 있었던 건
점점 어두워지는
저녁의 배려심 때문이었다

난간 손잡이가 떨어진 복도의 계단이 그리워지면
이내 새벽이 오거나

빗소리가 다시 그치곤 했다

레코드판 위를 걷는 건
주저 없이 너의 방향으로 미끄러지는 일
세 시간째 같은 트랙을 돌고 있다

이제 그만
누군가 일부러 눈이 어두웠다는 구실로
레코드를 발로 툭 차 준다면
트랙 몇 개를 훌쩍 건너뛰어
너에게로 가는 길을
못 이기는 척 잃어버릴 수도 있을 텐데

약수동

어느 가을이던가?
초등학교 시절 친구 찾아 믿지 못할 기억만 달랑 들고
약수동 그 높은 곳에 갔었지

어망처럼 얼기설기한 가파른 골목길을 오르니
부스러진 비스킷 같은
판잣집 지붕 위에 놓인 안테나에 찔린 저녁 하늘이
엷은 선지 빛 노을을 흘려
좁다란 골목길을 붉은 실핏줄로 물들이고 있었지

난 약수가 나올 만큼 높은 곳이라
약수동이 아닐까 생각하며 한참을 헤매었지

후미진 구멍가게 옆 질펀한 공터엔
타다 남은 연탄재들이 모여
보그르르 하얀 잔기침을 해대며 어둠을 갉아먹고
밤이 고달픈 늙은 개는
초겨울 빈 바람에 구시렁거리고 있었지

방과 후 집으로 가는 길을 잃은 아이들은
어두워지는 미로 속에서 길을 찾아가고 있었지
그 아이들에게 친구의 집 주소를 묻자
심술궂은 아이는 문 닫은 쌀집을 가리키려다
골목 너머 채소 가게를 떠듬거리고
수줍은 아이는 나와 숨바꼭질을 하자고 했지

책가방은 한쪽 어깨에 둘러메고
신발주머니는 양손에 들고
난 아이들과 술래잡기 놀이를 했지만
약수동 그 어둠 속에 꼭꼭 숨은 친구를 찾진 못했지

버스 정류장으로 향하는 내리막길엔
살을 발라놓은 듯한 앙상한 교회 첨탑 너머로
길을 찾고 있는 새 한 마리
검붉은 노을 속으로 묽게 스며들고 있었지

문득 난 생각했지
친구에게 가는 길을 잃어버리진 않았다는 것을
길이란 잃어버릴 수 없으며
뒤돌면 언제나 되돌아 가 닿을 수 있다는 것을
그래서 길이라는 것을

친구 찾아간 약수동 그 높은 곳에서
난 오래전 잃어버린 내 마음을 길어 왔지

한강대교를 건너고 싶다

비둘기들과 안면이나 트러 온 건 아닙니다
돌멩이라도 매달아야 할 것 같은 시간 그만두기로 합니다 더는 가라앉을 수 없을 테니
익사라는 말은 너무 깊은 곳에 있습니다

한강대교를 떼를 지어 건너는 버스들, 액자에 걸어둔 광속의 얼굴들
난 아직 괜찮은 걸까요
익숙함이란 저녁에 내려놓고 아침에 다시 집어 드는 숟가락 같은 것

버스들에 물어봐야겠습니다 오늘은 어떻게 무사히 건너갈 수 있는지
메시지가 그때의 당신 손처럼 주머니 속을 더듬네요
당신과 나는 무엇이었을까요
쌓아둔 묵은 톱밥 같은 여러 날쯤 되겠죠

바람이 참 염치가 없습니다

등받이 속으로라도 기어들어 가야 할까요
도무지 속과 겉이 구분이 가질 않습니다 그림자라도 끌어다 덮어야겠습니다

영원도 찰나를 기워 만든 거라지요
그리하여 시절은 두서가 없고

잠시 나를 꺼봤습니다 깜박거리던 당신이 헤드라이트 속으로 지워지네요
안부는 늘 어둡습니다

난간을 보면 왜 넘보게 되는 걸까요
삐끗해 본 생각들은 으레 발끝을 들고 너머를 그려보는 습관이 있습니다

다 지난 당신일 것 같은 사람이 두 개의 봉지를 커플 반지처럼 끼고 갑니다
당신과 나의 저녁도 어느 구멍가게의 다른 콩나물과

두부 한 모로 깊어가겠죠

강물에 던져진 사루비아 같은 불빛들 강둑에서 그렁그렁 마무리되네요
딸그락딸그락 당신의 먼 부엌 설거지 소리

잠시 벗어두었던 신발이 단내 나는 혀를 내밀었습니다
난간에 글씨가 환하게 귀띔해 주네요

오늘은 어제의 기다림이고
내일은 오늘의 잊힘이라고
딱 하루만 더 견뎌보기로 합니다

이갈이

여물은 멸치 오물오물 씹어
입에 넣어주던 당신이
이젠 두 손으로 입을 가리고 웃습니다

알갱이 다 훑어버린
검붉은 옥수수 같은 잇몸에
반쯤 살이 찼네요

내 이빨 몇 개 빼다
당신 잇몸에 심어 드리고 싶지만
내 것도 성치 않습니다

내일은 찾으러 가볼 생각입니다

명주실 걸어 뽑아
제비가 낮게 스치며 날던 골목 지붕에
던져두었던 오래전 그 이빨

간판

인삼 가게 간판에
수삼이란 글자가 매달려 있다

유심히 보니
삼 자에 점 하나가 떨어지고 없다
ㅏ 자의 점은 중력을 견디기 힘든 위치

다시 보니 수심을 판단다
돈을 받고 수심을 팔겠다니
손님이 뜸한 거라 생각했다

문득 스치는 생각
어쩌면 나도 당신을 떨구고
어딘가에 매달려 있는 것인지도

수심을 팔고 싶은 날들이 많았다
하지만 그땐
수심의 깊이를 알지 못했다

중환자실

행여 길을 잃지 말라고
좁다랗게 직선으로 뻗은 복도를 따라
닥지닥지 이름표가 붙은 방엔
음침한 형광등이 깜빡깜빡 점멸하고 있는

황무지처럼 버석거리는 얼굴들
그 황무지를 다시 한 번 개간해 보려는
두 손을 모아 쥔 가족들보다
더 먼저 체념을 익혀버린 간병인들이
고단하게 쪽잠이 든

새벽이면
죽은 자의 함몰한 안구 같은
깊은 복도에 나와
그래도 성한 휠체어 바퀴가 굴러다니는

3교대의 간호사들이
끈으로 붙들고 있는 흘러내리는 조등 빛을 교체하며

습관적으로
환자의 의식을 들춰보는

아침이 오기 전
단역배우처럼 등장한 당직 의사가
납처럼 무거운 환자의 잠을 끌어올리려
다급하게 이름을 외치며
가슴을 내리치는

서바이벌 게임이 끝났음을 알리는
버저 소리와 함께
한 줄기의 유성이 화면 밖으로 꼬리를 감추면

그만 하세요
이젠 그만 하세요라는 울먹임이

창밖 화단의 시든 꽃의 체온보다는
그래도 잠시 동안은 더 뜨거운

그리운 야옹

발톱으로 나무껍질을 긁어 편지를 써요
그런 날엔 안개도 낭떠러지죠
가끔씩 적으려는 글씨가
당신처럼 시끄럽게 떨어져 나가요
그건 잠시 발을 핥다
온기 남은 건너편 굴뚝으로 자리를 옮기라는 뜻

말 없는 굴뚝,
그곳에서 내려다본 마당엔
목덜미에 새빨강 키스를 하고 싶은
당신 닮은 생쥐가 살아요
내 기척에 꼬리가 네 발보다 앞서 달려가는,
떠올리기만 해도
입술이 후끈거리는 저녁이죠

나의 편지는 언제쯤
당신에게 도착할 수 있을까요
간혹 후회한다고 말하고 싶을 때도 있어요

후회가 모두 부질없음은 아니지만,
부질없음은 후회스럽긴 해요
그럴 땐 밤새 썼던 편지를 지워요
하지만 정작 지워지는 건 손톱뿐이죠

당분간 생쥐를 보며
당신을 살금살금 디뎌볼 생각이죠
그러면 잠시
그리움도 당겨진 활처럼 바람의 방향으로 굽겠죠

한 줄만 더 긁고 잠이 들어야겠어요
설 든 잠 속에는 눈물 비린내 나는 편지도
수거해 가는 우체부 아저씨가 사니까요
그럼, 야옹야옹

반성

어제는 바닷가에서
조약돌 하나를 잃어버렸습니다

너울성 파도를
먼바다로 돌려보낼 줄 아는 녀석이었는데

저녁까지 찾아다녔지만
게워낸 거품처럼
불어 튼 손만 주머니에 쥐고 돌아왔습니다

옹기종기 모인 조약돌은
늦은 저녁 밥상에 동그랗게 둘러 모여 앉은
식구들의 머리통을 닮았습니다

단단하지 못해
지금 혼자라는 걸 배우는 시간

내일은 날이 저물 때까지

물때 낀 조약돌로
다시는 놓치지 않고 꼭 쥐는 연습을 하다
돌아와야겠습니다

그리고 이젠
조약돌을 너무 멀리 던지던 습관도
그만두어야겠습니다

숨바꼭질

학교운동장 정글짐에 숨었다면, 찾을 수 없었어 정글짐은 너무 울창했거든 화장실은 꿈도 꾸지 못했어 많은 빨간 종이와 파란 종이가 살고 있었어 쓰레기통은 포기하는 게 나았어 어두워지면 자신의 몸에 불을 질렀거든 그럼 모든 게 연기 속에 꼭꼭 숨어버렸어 그래서 담벼락에서 미끄러지기만 하던 노을은 쓰레기통 입이 무겁다고 말했던 거야 사라졌던 친구들은 아침이면 어김없이 등교했어 난 사라진다는 건 내일이면 다시 그 자리에 돌아와 앉아 있는 거라 생각했어

너도 아이들처럼 연기 속에 숨은 건 아닐까

집 안은 온통 파헤쳐진 유적지야 가스레인지엔 습관처럼 저녁이 끓고 있어 세탁기 속에서 네가 콧노래를 불러 머리를 집어넣어 봤어 너의 유물들이 제자리를 돌고 있어 빨래를 털었어 덜 마른 너의 웃음들이 껄껄껄 떨어지네 새벽에 드라마 주인공이 내게 인사를 했어 안녕하세요 잘 지내시죠 난 차마 대답할 수 없었어 창밖에 눈이

내리네 문방구에 현미경을 사러 가야겠어 작년에 심었던 눈꽃의 꽃잎을 한 장 뜯어 너를 은밀히 들여다볼 작정이야 아직도 복도엔 야행성 발자국들이 너를 계속 집으로 돌려보내고 있어

멀리 열병합 발전소에 연기가 피어오르네 너의 박제된 웃음이 액자에 숨던 그날처럼

나는 아직도 술래야

그 고추

보성에서 출발해 광주 어디쯤이던가
소머리국밥 집에 들렀지
상 위엔, 해진 축구화 끈 같은 파김치
풀이 죽은 새우젓
면목 없는 젓가락들

심심한 국물에 짱짱한 고추나 하나 먹으려 했지
된장을 깊숙이 찍어
한입 깨물다 그만 뱉고 말았지
고추는 어디서나 고추였지

한때는 사는 게 밍밍해서
아니, 외로워서
당신이나 한 소쿠리 따서 먹어보려 했었지
그때,
당신은 참 매웠지
단단한 물풍선 같은 당신을 두어 번 입에 넣고 나면
밤새 어쩌나 혀가 얼얼하던지

땀을 흥건히 흘리며
소머리국밥 한 그릇 다 비우는 동안
당신 꼭 닮은
그 고추 끝내 먹어보지 못했지

매워서 아렸던 당신을 떠올리며
서울로 돌아오는 동안
내내 오물거렸지
조갯살 내 아랫입술을

등뼈

아버지 등엔 뼈가 돋아 있었다
단단한 황소의 뿔처럼
휜 등을 따라 불쑥 튀어나온 두 개의 뼈

그 딱딱한 뼈 위엔
동지의 설설 끓는 아랫목이 쌓여 있었고
도무지, 더디 먹는
다섯 새끼의 나이가 널려 있었고
밤낮 철 모르는 소리만 하는,
모양만 남은 할머니의 두 다리가 얹혀 있었다

난 언제나 궁금했다
어떻게 그 불편한 등을 바닥에 대고
바로 누워 잠이 들 수 있는지

식은 흰 죽처럼 진눈깨비 흘러내리던 새벽
등에서 뼈를 뽑고
방바닥에 처음 등을 대고 바로 누웠던 아버지는

어깨에 끈 자국도 풀지 못하고
서둘러 집을 나섰다

꽝꽝 언 땅을 녹이던
눅눅한 생나무 연기 섞인 산바람을 끌고 집에 돌아온 저녁
어두운 수수깡 벽 한구석엔
아버지가 벗어두고 간 등뻬가
술 취한 달빛을 지고 출렁거리며 집으로 돌아오던
그때의 아버지처럼 서 있었다

그때서야 난 알았다
아버지는 평생 서서 주무셨다는 것을

입관 후

흙비가 내리네
가죽나무 지붕에 우박처럼
어두운 냉 골방
단정히 깎아준 손톱으로 벽을 긁어보네

잘린 시침은 더 이상 돌지 못하네
설령, 당신이
가지런히 모아 묶어둔 손목에 시계를 채워준다고 해도
되돌아갈 수 없으므로

북향으로 눕혀진 몸은
한 계절 내내 거미줄에 널어둔 모시나방의 껍질
뒤집을 수가 없네
희망과 절망이 시소를 타는 동안
발가락 마디가 궁리하네

당신의 이름 모양으로 벌어진 입술
의식은 자꾸 일어서려 하지만

혀는 체념을 배워가네
이젠 오래 잠드는 법을 배우기로 하네

마을 쪽으로 마무리되는 울음소리

갑자기 귀가 환해지네
아직도 떠나지 못한 젖은 두 손이
지붕을 다지는 소리

3부

지렁이

너의 각진 가방에 실려서 낚시를 간다
주머니가 깊은 가방 속
잠시 꿈틀거리다 이내 어두워지는 슬픔

미끼를 잊은 네가
대사를 잊어버린 희극배우의 얼굴로
잠시 나를 떠듬거린다

처음엔 너무 극적이라
두근거리다
놋수저처럼 덜그럭거리던 별들이 떨어진 강가에서
나는 바늘에 끼워진다

야광찌를 끼운 것은
별처럼 빛나던 그 시절 때문이었을까
아직 다 어두워지지 않은,
곧 저물 우리의 인연 때문이었을까

아파도 웃자며 다짐하지만,
밀고 들어오는 바늘에
퉁퉁 부은 숨구멍이 영 모양이 서질 않는다

잔입질에 미동하는 찌를 응시하는 너는
밤새 헛챔질만 하다
놓쳐버린 내 싱싱함을 탓하겠지

탄성을 잃은 고무줄처럼 늘어질수록
너의 표정은
산란 시기가 끝난 수초들처럼 불길하다

조과 없이 끝난 밤이 지나면
다시는 가방으로 되돌아갈 수 없음을 알기에
바늘을 붙든다

굳어버린 흘림체로
강바닥에 붉게 널려져 있을 나를

다음 생의 너는 기억이나 할까

이번 생은 다 글러 버렸다
남은 너의 생은
영 꽝이 아니기를 진심으로 바란다

그래도 사랑하였으므로

왜

물 한 번 준 적 없는 손톱은 왜 쑥쑥 잘도 자라고 잘 자라던 손톱은 왜 한쪽이 납작하게 주저앉다 갈라지고 신문을 깔고 손톱을 깎는 저녁은 왜 시들어가는 무청처럼 쓸쓸한 건지

정류장에서 마주친 가을비는 왜 얼음송곳처럼 아프고 신발장에 거추장스럽던 우산은 왜 이럴 땐 손에 없고 온종일 쫓아다니던 빗소리는 왜 새벽 잠결에서도 시끄러운 건지

지난 주말에 산 구두에 왜 뒤꿈치는 물집이 생겨 까지고 반창고를 붙이고 며칠을 절뚝거리면 왜 굳은살은 그리도 쉽게 붙고 헐렁해진 발을 씻다 굳은살을 더듬으면 왜 뒤꿈치는 그리도 아득한 건지

기다리지 않은 이름들은 왜 우체통에 안부를 놓고 가고 비가 들이쳐도 그 이름들은 왜 번지기만 할 뿐 지워지지 않고 집주인을 닮은 우체통은 왜 비우지 못하고 자

꾸 담아두려고만 하는 건지

그리고 그 이유를 물어볼 당신은 왜 또 세상에 없는 건지

집들이

네가 이사했다는 건
무소식만 전하던 친구에게서 들었다
1002동 505호
더 높이 오를 수 없는,
계단이 없는 신축 다세대주택

빈 술잔마다 고향을 채우던 너는
흙집을 원했지만,
부지런함도 너의 편이 되어주지 못해
얼마 전 공사가 마무리된
분양가를 낮춘 이곳에 들었다

언제나 표정에 인색했지만,
평생 처음 이름을 건 집이라
문 앞에 선 너는
활짝 펼쳐둔 웃음을 접지 못한다

506호엔 박봉순 할머니가 살고

507호엔 예쁜 예린이가 살고
509호는 며칠 후면 입주할
김국현 씨 이름으로 계약되어 있다

집들이 온 사람들은
저마다 싸들고 온 음식을 펼쳐두고
웃다가 울다가
싱거워져 가는 기억을 한 술씩 떴다

사람들 기척 소리에도
문밖을 한 번 내다보지 않는 너는
참 많이 고단했던 모양이다

깨우고 싶지 않아 그냥 돌아오려다
오래전 가을이던가,
우산도 없이 너를 찾아간 그때처럼
문을 한 번 두드려본다

버스를 기다리며

돼지 서너 마리 실은 트럭
출렁거리는 비포장 길을 지나간다
제때 물러서지 못한 먼지들
허둥대며 갓길 쪽으로 밀려난다
먼지 속으로 사라지는 트럭을
돼지들이 꿀꿀거리며 쫓아간다

난 아직도 버스를 기다리고 있다

귓등에 닿을 듯 말 듯 한 뻐꾸기 소리
졸음에 감기는 눈꺼풀 같다

저만치 들려오는 엔진 소리에
널어놓았던 마음을 주섬주섬 챙긴다
경운기가 노인을 등에 싣고
늙은 소처럼 지나간다

난 얼마나 적지 않은 날을

경운기를 버스로 알고 기다렸을까

내 기다림이라는 것이
오지 않는 버스는 아니었을까
아니, 애초에
이미 지나가 버린 버스였을지도 모른다

돼지를 싣고 갔던 트럭이
요란하게 빈 몸을 털며 되돌아간다

비운다는 건,
항상 덜컹거려야만 하는 거다

동지의 당신

팥죽은 밤하늘처럼 깜깜합니다
밤새 두 손을 빌어 낳은 새알들은 부화되어
어디로 날아갔는지 알 수 없습니다

팥죽을 휘휘 젓던 주걱에
작년의 것인 듯
정성스러운 찌꺼기가 말라붙어 있습니다

그래요. 후후 불어야 했던,
입안의 혀를 난처하게 만들던
팥죽이 다 식어버린 건
당신의 책임만은 아닐 거라 우겨봅니다

책임이 있다면
동지에만 팥죽을 끓이는 내 습관 때문이겠죠
얼굴이 팥 빛처럼 변합니다

팥죽을 끓이는 일이란

아침에 눈도 못 열고 하던
서투른 양치질처럼 개운하지 못합니다

저기 아득히, 저녁 새들이
달의 문을 열고 사라져 버립니다
이제야 새알들의 행방을 알 것도 같습니다

오늘 밤엔 귀신들이 피한다는
붉은 팥물 그릇을 들고
집 안 구석구석에 팥물을 뿌려보기로 합니다

당신이 오지 못하는 것이
귀신 때문이라고 진정 믿어서라기보다는
믿어보고 싶을 만큼
당신이 보고 싶기 때문입니다

눈꽃

펄펄 열이 끓는 딸아이에게
해열제를 먹이고
찬 물수건을 머리에 올려주고
한밤 바싹 붙어서
졸다 깨 보니

딸아이 얼굴에서 피기 시작한 붉은 열꽃이
가슴으로 배로 다리로
단풍처럼 번져 내려갔다

그런 딸아이를 보면서
여기까지 자식이란 이름표를 목에 걸고
한 밥상에서
제 숟가락 챙기고 살아온
여섯이란 시간도
헐렁한 숲을 빠져나가는 바람처럼
그렇게 지나가는구나 생각하다

늙은 관절 같은 문소리를 죽이며
밖으로 나가
낙엽이 다 진 마당에 서니
딸아이의 열꽃을 식혀주고 싶은
내 마음을 알았을까

아직도 열기가 남은 두 손에
찬 눈꽃이 내려앉는다

봄, 밤, 그리고 관음증

먹빛 양재천에 뜬 살빛 보름달
어른어른
분가루 냄새

목덜미 씹히며 의성어 중인 암고양이
연방,
어둠의 허벅지 처대는 소리

질펀하게 흐르는 꽃물에
쭈뼛쭈뼛, 멀찍이서 마른침 삼키는 늙은 산벚나무

헛기침에
버선발로 쫓겨 간 수그린 어둠

사내질 들통난 화냥년처럼
입 떡 벌린 봄꽃들

암고양이가 흘리고 간 꼬리털에서

환하게 피는 밤꽃 냄새

안녕, 파리바게뜨

너는 버스 정류장 맞은편
파리바게뜨 같은 얼굴
유리창에 비친 나는 팥빵처럼 깜깜했지

빵틀처럼 똑같은 하루
마을버스 정류장에 서 있던 건
버스를 기다리기 위해서가 아닌 파리바게뜨 안부 때문이었지

빵 굽는 시간 같은 너에게 있어, 나란
옆구리가 녹아내린 아이스크림이거나
치즈케이크가 빠져나간 포장지가 있던 눅눅한 자리

말랑말랑한 너의 속삭임과 바삭한 웃음에
등가죽이 달라붙던 나는
크림빵을 사랑하는 군침의 자세

너의 뒷모습 같은 파리바게뜨

흔들어도 벙어리의 헛목소리인 주머니에
오늘도 언제나처럼
내 손은 들고 있던 크로켓을 다시 내려놓았지

재고품 수거 박스처럼
뜯지 못한 마음을 들고 돌아 나와야 하는
씁쓸한 오후
나는 하나도 아프지 않은 듯 인사했지

안녕, 파리바게뜨

병색

터진 실밥 같은 마른 입술에 침을 바르고
마루에 걸터앉으면
처진 사지가 처마 그림자에 부질없이 겹쳤다

말라빠진 병아리를 버려두었더니
젖은 기침을 하며 밭일을 가던 오 씨 할머니가
잠시 들러 혀를 차다 갔다

들뜬 바람을 깨진 빈 독으로 눌러 두었더니
허물어진 담장에
소낙비처럼 멧새들이 내려와 앉았다

꺼칠한 들풀이 허리춤까지 자란 텃밭엔
하지의 땡볕이
바람으로 감자 줄기의 그늘을 깁고 있었다

누런 한지로 벽을 덧바르던 가을 무렵엔
인중에 마른풀을 가져다 대 봐야

이승 문지방을 넘지 못했음을 알 수 있었다

찬 방구들에 꺼져 있을수록
아직도 끊어내지 못한 자잘한 안부들만
늦은 새벽까지 다녀갔다

그의 바다

저녁 무렵 술잔을 주고받던 바다가
취기가 올라 쌍소리를 뱉으며 가두리를 타고 넘자
싹수를 내다 판 놈이라고 그가 돌팔매질했다

그때까지도 바다는 외항 밖에 누워 있었다

그가 뒤도 안 돌아보고 자리를 뜨자
바다는 두고 간 술병을 집어 나발을 불었다
그의 말에 분을 이기지 못하고
애꿎은 폐목선의 옆구리 갈빗대만 툭툭 차던 바다는
개살 궂은 바람의 부추김에 어깨를 곤두세우더니
방파제 안으로 시퍼런 철판을 던져대며
고래고래 고함을 질렀다

일찍 불 꺼진 광어네 술집 간판을 붙들고 흔들다
공판장 들창을 깨 먹고 달아나던 바다는
찢어진 치마를 들추던 해변노래방 아가씨들을 불러들여
무릎에 앉혀놓고 돌아가며 술 시중을 들게 했다

온몸으로 치대는 주정을 다 받아주던 아가씨들은
새벽이 돼서야 풀어진 몸을 이끌고 자리를 떴다

밤새 바다를 손가락질하느라 목덜미가 빼근해진 풍향계엔
덜 마른 구름 몇 벌이 널려 있고
입빠른 갈매기들은
바다의 술버릇에 대해 입방아를 찧고 다녔다

어판장 아주머니가 손질해 둔 우럭 두어 마리로
속을 달래고 잠이 든 바다의 잠꼬대가 포구에 낭창낭창하자
몇 차례 군기침을 하던 늙은 목선들은
'저놈 술만 안 마시면 법 없이도 살 놈인데'라고 말한 뒤
연거푸 담배를 피워대며 먼바다로 향했다

개복숭아

허공에서 추레하게 익어가던 나
그래서 지금은 늦가을

단역배우의 대본처럼
당신의 기억이 스치고 간, 나는 개복숭아

이젠 그럴 리 없겠지만,
한입 깨물어 준다면
이빨 자국에선 수줍은 풋내라도 날 수 있을 텐데

새들이 하루의 깊이를 재려
숲으로 내려앉으면
발바닥이 땅에 닿을 수 없는 내일이라
나의 허공은 깊다

가지를 쥔 주름진 붉은 손들
소박하게 나풀거리다
싸리 비질에 저녁연기로 엉성하게 지워진다

풀벌레 소리에 짓물러
더는 속살이 단단하게 여물 수 없는 오늘
나는 뛰어내리기로 한다

그럼, 잠시 허공에 그려졌던
이제는 그저 지워져 버린, 나는 개복숭아

친구의 장례식

어제저녁에서야

밥 한번 먹자던

오래전

그 친구와의 약속을

난 지킬 수 있었다

꽃문

장독대 옆 조막 터에
앞치마처럼 반쯤 풀어져 핀
이름 없는 꽃

꽃이 피면
부엌 문지방 오후에 앉아
문이 활짝 열렸다고 말씀하던,
몇 해 전 당신

이젠 그곳에서 자리를 잡았는지
간밤에 들리던
들창에 먼지 터는 소리

그래도 아직
이곳 가사를 챙기던 습관인지
소리도 없이
빠끔히 꽃문을 열어보시네

사구아로선인장

전깃줄은 없었다
그리하여 짜릿한 생도 한번 없었던

모래바람을 피해 잠시 울다 간 새가 말했다
바라볼 것 없는 사막에서
몸은 왜 그리 위로 밀어 올리느냐고

새는 알지 못했다
기다림에 길들여진 것들은
발뒤꿈치를 바짝 들어 올린다는 것을

오래전 나를 안으려는 사람을
찌르고 싶지 않아
가시를 몸속으로 밀어 넣었던 적이 있다

가시는 박히는 순간보다
박힌 가시를
품고 있는 동안이 더 아프다는 것을 알았다

그는 왜 떠났던 걸까

찰나의 우기를 기다려
몸을 뚫고 나온
가시 끝에 맺힌 붉은 꽃몽우리가 말했다

그는 나를 사랑한 게 아니라
가시 없는 선인장을 원했다는 것을

4부

플랫폼에서의 한때

기차는 아직 도착하지 않았다

휴게소 우동 한 그릇처럼
기다림의 시간은 다소 뜨겁고 시끌벅적했다
잠시 달아올랐다
식어버릴 일회용 종이컵 같은
자판기 앞에서의 우리

속주머니에 구겨진 차표가 있음을
더듬어 짐작할 뿐
언제인지 어디로인지 모르는,
그리하여 사소한 것들에 부지런히 재잘거리는

위생병원에 들러야 한다던 아버지는
눈인사도 없이
급히 새벽 기차를 탔다

가족이란 본딧말이

속수무책은 아니었을까 하는 생각도, 잠시
기차가 떠난 자리엔
어린 조카의 힘찬 울음소리

플랫폼에 한 무리씩 모인 우리들
아내는 핸드폰으로
지난날을 다시 불러들이고
첫째는 어린 날을 도화지 속으로 날려 보내고
둘째는 재미 삼아 분유를 엎질렀다

플랫폼 앞으로 바싹 다가선 어머니가
차표를 만지작거릴 때마다
나는 담배 연기 속으로 숨었다

기차가 지나고 나면
떠난 가족의 얼굴이 기억나지 않았다
나는 알지 못했으므로
아니, 안다고 바뀌는 게 없다는 걸

모른 척했으므로
그저 오고 가는 기적 소리는 무심했다

그렇게 가족이란 기차는
유모차처럼 소란스럽게 들어왔다
상여처럼 조용히 빠져나갔다

그 먼 행성

가자미눈으로 곁눈질만 하던
당신과 내가
목을 꺾어 서로의 얼굴을 배우던,
길가의 돌멩이에도 살이 찔 것 같은 시절

둥근 지구를 펼쳐놓고
언 길 풀리면 꽃구경 가자던 말에
꿀벌처럼 붕붕거리던

사람들이 다 아는 그 행성
치열하게 마블링된 대리석을
몸속 깊은 곳에 꼭꼭 품고 다니는
아름다운 소들이 사는 곳

등을 대문처럼 열어젖히면
흰 줄무늬 선지 빛 꽃들이 활짝 만개했지
그 꽃들 사이로 나풀나풀
분칠한 나비 같은 처녀들이 날아들고

꽃잎을 태우는 향기에
집집마다 꽃노래가 흘러나왔지

이제는, 너무
먼 당신의 안부가 궁금해
서울로 온 행성의 소들이 몸을 맡긴다는
행성 댁에 갔었지
그런데 그 행성 댁에 온 소들의 등엔
왜 꽃들이 다 지고 없을까

벚꽃 방석을 깔고 앉아
피어오르는 숯불 아지랑이에
어른어른 당신이나 태워보는 저녁
어깨에 천근 꽃잎이 내린다

해안사구

폭설이 내린 바다의 서쪽을 바라봅니다
별이 죽으면 사구로 간다는군요
피복이 벗겨진 광물의 무덤

저기, 버려진 도마뱀의 꼬리가 꿈틀거립니다
당신과 나의 잘린 시간입니다

당신의 등을 꾸역꾸역 삼키던
폭설을 바라보던 곳이 사구였을 겁니다
풀어진 말의 매듭이 시작한 곳으로도 기억합니다

등을 돌린 두 개의 시간에
나도 슬프지 않은 광물이 되기로 합니다

반송되어 올 마지막 편지를 부칩니다

나는 많이 아픕니다
당신은 나처럼 아프지 않기를 바랍니다

탁월풍이 해안선의 긴 발목을 꺾습니다
갈라지는 모래의 살결

파랑에 눈동자가 떨어져 나갑니다
자꾸 흘러내리는 당신의 얼굴을 쌓아 올려봅니다
부유하는 목소리에 귀가 펄럭거립니다

이젠 상처를 편집증이라 부르기로 합니다

잠버릇

잠결에 주섬주섬 이불을 가져다 덮어주어도
다시 차 내버리는
잠버릇 고약한 아들 녀석

밤새 곁에서 잠을 설치며
쪼가리 이불로 근근이 가려둔 두 다리가
찬바람 든 무 같다

장모님 생신날,
집사람을 따라 김천에 간 아들 녀석
잠을 설치지 않아도 된다는,
이불 한 번 온전히 다 덮고 잘 수 있다는
생각으로 몸을 누였다

늦가을 빗소리에 깨어보니
덮었던 이불이 어디로 갔는지 보이지 않는다
내 손이 잠결에 이불을 끌어다
아들 녀석 자리에 쌓아 두었던 것이다

창문을 열어 잠을 놓아주고
거실에 불을 켜자
어버이날 아들 녀석이 유치원에서 만든,
분홍 색종이 카네이션을
왼쪽 벽에 단 아버지가 웃고 있다

그때야 난 알았다
답답한 이불을 차내다 깨어난 새벽
주위를 둘러보면
왜 아버지가 이불도 덮지 않고
내 곁에 누워 있었는지를

슬픈 정강이

정강이를 만지면
창밖에 늦은 가을비가 내리네

야전침대에 모로 누운 잠처럼 위태롭고
너무 아늑해서, 아팠던
정강이 위의 한때를 생각하네

낮은 촉의 전구를 켜고
식은 밥 한 덩이 물에 말아 비우고
부스럭 잠이 든 밤

내 정강이는
당신이 턱을 괴고 슬픔을 바라보던
허름한 창틀이었지

우리의 저녁은 언 시래기처럼, 늘 부스러지듯
서늘한 정강이에서 저물었지

호두나무 생가지 베어
무딘 도끼와 대패로 깎고 다듬어
서로의 발목과 무릎 사이에 끼워 둔
정강이

그래서 그 정강이는
조금만 부딪혀도 그리 아팠던 거다

아침을 기다리며

라일락꽃향이 빗물에 쓸리는 마당에
깨진 화분들이 즐비하고
슬레이트 지붕에 떨어진 빗물이
양철 물받이를 치는 소리가 요란하다

며칠간 달빛에 말랐던 빨래가
간간이 안기는 바람에
흰 깃발처럼 주인의 부재를 누설하고
곤하게 자다 새벽이면 깨는
계집아이의 항아리 기침 소리가 경망스럽다

비 내리는 긴 새벽
언제부턴가 아침까지 훤하게 불 켜진
앞집 창문을 바라다본다

마른기침 소리
새벽을 적시는 빗물에 젖어 내리고
연거푸 태운 눅눅한 담배 연기가

창가에 서 있는
그의 눈가에 습기를 가린다

모르긴 몰라도, 그는
한동안 지금처럼 창밖을 바라보며
새벽을 지새울 것이다

따뜻한 후회

편의점에 오면 눈이 내린다
버스 정류장에서 내리던 눈발이
그를 기억하려 편의점으로 걸어온다

커피에 떨어지는 눈송이를 세다, 문득
그를 세어 본다

코 입술 귀 그리고 손가락
녹지 않는 그

편의점으로 오는 길엔
그래도 그를 사랑하였으므로
우산을 버스 의자에 두고 내리지는 않았다

그와 눈송이가 다른 것은
눈송이는 우산을 들 왼손이 없으므로
나의 왼손을 잡아 줄 오른손이 없다는 것

지하도 계단으로 우산이 되어가는 사람들
접힌 우산들이 그의 등을 포갠다

나는 이제 더 이상 왼손이 필요 없으므로
여기서 우산을 놓치기로 한다
뒤집어진 우산을 받아 들고 가는 바람

만일 내일 폭설이 내린다면
그래서 내가 우산을 들고 다시 편의점에 간다면
그렇다면, 우산은
그의 오른손을 내게 돌려줄 수 있을까

당신과 겨울 사이

봄에 떨어진 꽃이 가을꽃자리가 되었네
그리하여 새가 밤새 울고
빻지 못한 유골 같은 싸리나무를 엮어
주섬주섬 후회처럼 천막을 지었네

여러 계절의 들창으론 단색의 바람이 불고
꼽꼽하게 연기를 피워 올리다
문득 스치는 옷소매에선
어쩌다 현몽처럼 찾아오는 목마른 얼굴

천막의 연기 너머로 눈먼 달이 뜨고
의태를 연습하다 잠이 든 어미 새의 꿈에선
어제의 걱정처럼
내일의 진눈깨비가 달라붙네

그립게 쌓이고 쌓인 젖은 눈 뭉치들이
내 모르는 숲 어디에서
부러진 가지를 놓치는 소리에

퍽퍽 밤이 깊어 가면

나는 아직 나여서 슬프고
당신은 이제 당신이 아니어서 슬프다

더는 당신에게 눈멀 수 없는 나는
부러진 싸리나무 잔가지로 눈이라도 찔러
더듬더듬 당신을 그리다
한 수백 년 아파 앓아도 좋겠네

국화꽃 향기

질척한 흙바닥에 고정된 비닐 벽 틈으로
들이친 진눈깨비에
어둑한 저녁 빛이 당신의 몸 그림자를 얼비추고
분홍 다라이엔 발아를 꿈꾸던 아픈 반죽

매캐한 카바이드 불빛이
먹먹한 밤바다에 집어등처럼 켜지면
구수한 국화꽃 향기
바람에 철길을 건너 고개 말랭이까지 날려 왔지

뜨겁게 국화꽃을 피우던 당신의 손은
온종일 주머니 속에서 과묵했지
손은 무엇을 찾으러
틈만 나면 아득한 주머니 속으로 떠났던 것일까

드 르 륵 철컥 텅
드 르 륵 철컥 텅

벌어진 꽃망울 뒤집는 소리
이파리 하나 없는
짓무른 국화꽃 한 다발을 손목에 걸고
돌아오며 주머니를 뒤적거리면
언제나 벌어진 슬픔과 슬픔 사이를 깁던
잦은 바느질과의 조우

식어버린 방구들 아랫목엔
새벽 살얼음 핀 찬물에 빨아 펴 널어둔 붉은색 내복이
언 노을처럼 꼽꼽하게 지고 있었지

까맣게 죽은 발톱을 깎는 소란스러운 밤,
결로가 서럽게 낀 벽에
부러진 목책 같은 긴 목을 꺾고 누워
주머니 속을 더듬거리면
우묵하게 만져진다
끌어와 자꾸만 덮어주던 당신의 손

이제, 우리는 터미널

버스 터미널로 나란히 걸어가는 동안의 우리는
혀를 깨문 벙어리

놓쳐버린 버스를 향해 끄덕이고
도착하지 않는 버스를 향해 갸우뚱하는

비가 내린다

뜨거운 소나기도 아닌
격한 폭우도 아닌
그저 우리 둘 사이를 무사히 건너가는

우산을 받쳐 들기엔 유난스럽고
우산을 접기엔
조금은 억울한 듯한

우산을 놓친 방향으로
비는 들이치고

젖은 발에 끌려온 두 켤레의 신발이
강을 향해 나란히 선다

자판기에서 뽑은 커피는
떠듬거리는 서로의 눈에서 어두워져만 가고
안경엔 젖은 불빛만 돈는다

어둑어둑,
우리가 서툴게 지워져 가는 저녁은
참 다행이다

흐르는 강물이 보이지 않아서
막막한 산이 보이지 않아서

그리고 돌아서 가는 우리의 안녕도

안락사

절망이 희망의 숙주라지
그래서 선뜻 절망을 탓할 수 없었는데

눈물을 꾹꾹 눌러두면
그럭저럭 슬픔을 감출 수 있을 거라 믿었지만,
가슴 한쪽에
이해되지 않는 물웅덩이가 생겼다

거무죽죽하게 짓무른,
링거 줄에 매달린 너의 얼굴을 보는 건
너무 창백한 일이야

눈물을 다 퍼내고 싶었지만,
눈물은 인색하게도 잉여를 모르더군

웃음은 부력으로 떠오르고
울음은 중력으로 가라앉는 습성이 있다는데

네가 멀리 떠나고 난 후
나의 울음보다
너의 웃음이 한참 동안 더 싱싱하겠지

부러 웃기로 했어 실성한 년처럼
그런데 너는
언제쯤 거추장스러운 그 외투를 벗을 거니

이제, 내 걱정은 그만해
그게 네가 더 가벼워질 수 있는 일이라면
이제, 더는 붙들지 않을 테니

요양원

이곳에
당신을 버리고 오는 길인데

몰라서 그랬을까
알면서 그랬을까

생각은 전자를 붙들고 싶었지만
마음이 후자를 놓치지 않는

꽁꽁 언 내 손을 주머니 속에 끌어와 덮어주던
마디 단단하던 그 손이
꺾인 풀처럼 좌우도 모르고 흔들리며
돌아서려는 내게
이젠, 어서 놓으란다

딴청을 피우려
유리 현관문 앞에 떨어져 말라죽은
매미의 날개에 골몰하는데

그곳에 고운 삼베옷 입은 당신이 들어 있다

당신은 이곳에서
요술 램프처럼
나의 어린 날들을 꺼내어 닦고

나는 저곳에서
요술 램프의 낙서처럼
당신의 지나간 날들을 지우겠지

자주 보러 오겠다고
흘리고 온 말이
순간 달아오른 냄비 같은
거짓말임을 숨길 수 없는지

차창 틈으로 들어온 뜨거운 매미 소리가
그때의 당신 손처럼
젖은 볼에 자꾸만 달라붙는다

안개의 근황

그즈음 11월에도
우리는 강을 끼고 달리는 차 안에 있었다

강에 무리 지은 새떼를 삼켜버린 안개가
스멀스멀 강변도로로 기어 나와
근황을 물었을 땐
아직은 그래도 잘 있다고 안개등을 켜주었다

안갯속에 손을 집어넣어
당신의 짙은 목소리를 꺼내던 날들은
눈은 침침했지만,
온몸은 그래도 환했었다

안개의 어깨너머를 짚어보다
이젠 만질 수 없지만,
안갯속에서 당신을 세어 볼 수 있었다

안개는 당신의 편이라 믿다

먼저 등을 바라보는
사람의 편에 설 수 있다는 생각에
그만 당신과의 거리가 덜 슬퍼졌다

그때부터 난
한나절 차창에 비스듬히 기대어
안개를 몰고 가는 바람을
담담하기로 한 이별처럼 바라볼 수 있었다

안갯속에서도
안개 밖에서도 기억은 산다

안갯속에 있는 당신과
안개 밖에 있는 나도
속과 겉 분별도 없이 살아내면서
축축하게 지워지고 있었다

그래서 11월의 안개는

당신과 나 사이에서
그렇게 기를 쓰며 자욱해졌던 것이다

지구에서의 마지막 여행

어머니는 새가 되고 싶어 했다
아버지가 돌아가신 후,
물결이 치면 물새가 되어
바람이 불면 바람 새가 되어
어딘가로 훨훨 날아가고 싶다고 했다

어머니는 새를 닮아갔다
두 다리는 싸릿대처럼 깡말라가고
뼈는 수수깡처럼 비어 몸은 가벼워지고
간혹, 잠을 설친 새벽
이불을 털면 새의 가슴 털이 날렸다

말은 안 했지만, 입고 있는 그 웃옷 속에
성글지 못한 날개를 숨기고 있었다
아마 날개에 힘이 붙으면
어머니는 새가 되어 날아갈 것이다

어느 가을날, 문득 안부 전화를 걸거나

가을 서리에 시든 화분이 즐비한
현관문의 초인종을 누르면
이미 멀리 날아가고 없을 것이다

눈에 익은 낡은 옷가지들과
한여름용 샌들
그리고 벽에 걸린 낡은 액자 속에서
아직도 웃고 있는 아버지를 두고

| 해설 |

'시들어가는 무청처럼 쓸쓸한' 나날들

김재홍(시인 · 문학평론가)

존재는 홀로서기(hypostase)를 통해 존재자가 됨으로써 고독해진다는 존재론적 탐색을 보여준 레비나스도 있지만, 우리에게 그것은 시시각각 무시로 느껴지는 감각적 경험의 영역에 속한다. 알 수 없는 순간, 가늠할 수 없는 이유로 찾아와서 갑자기 가슴 한쪽을 무너지게 하고 쓰리게 하고 아프게 한다. 고독은 홀로 있을 때만 아니라 여럿이 있을 때에도 찾아오며, 호젓한 저녁이나 밤만 아니라 햇살 싱그러운 아침에도 찾아온다. 그리고 우리는 깊이를 알 수 없는 생의 비의(秘義) 앞에서 절망하고는 한다.

사전이 말하는 대로 만일 쓸쓸함이 '외롭고 적적함'을 뜻한다면, 그것은 고독의 한 양상이라고 할 수 있으리라. 외롭기 때문에 쓸쓸하고 적적하기 때문에 쓸쓸하다는 것은 '홀로 있음'으로 인하여 고독감을 느끼는 것과 다르지 않다. 두 단어의 발음상의 차이를 배제하고 의미의 측면에 주안점을 두고 보면 그것들은 더욱 닮았다고 할 수 있다. 무엇보다 고독과 쓸쓸함은 공히 인간 내면에 형성되는 정서적 경험이다.

이사람의 시편들은 이러한 고독의 의미를 묻고 천착하는 가운데 인간적 진실을 해명하려는 시적 노력을 보여준다. 대체로 20행을 상회하는 58편에 이르는 작품들은 일관되게 고독의 양상에 주목하고 있다. 이별과 사랑, 죽음과 삶, 아버지와 어머니 등의 시어에서 유추할 수 있는 많은 이미지들은 고독의 조형이라는 한 곳을 향해 나아간다. 그가 이토록 고독에 몰입하게 된 연유는 무엇일까. 그것은 고독이야말로 우리 모두 너나없이 겪어야 하는 삶의 본질임을 깨달은 때문이다.

가령 "이별은 어제 죽은 자의 오늘"이라는 선명한 시행을 포함하고 있는 「이별을 읽다」는 '홀로' 살아가는 자들인 우리에게 이별이란 곧 죽음이라고 말한다. 절대적 이별인 죽음과 같이 어떤 이별도 그 결과는 '홀로 남겨짐' 혹은 '만날 수 없음'이라는 의미에서 죽음이다. 그래서 모든 이별의 하루는 "생의 마지막처럼" 저무는 것이다. 그러므로 우리가 아무리 간절히 기다려도 보고 싶은 대상은 "수면에 그려지는 동그라미"와 같은 파문에 그칠 뿐이다.

나를 앉혀 두고 당신이 왼쪽으로 눕는 것을

이별이라 부른다

내가 오른쪽에 서지 않았다면
우리는 어디까지 따뜻할 수 있었을까

이별은 어제 죽은 자의 오늘

당신이 없는 거리에선 지는 꽃이 더 붉었다
바람이 지날 땐
꽃잎은 버리고 떨어진 향기만 보았다

이별은 이해되지 않는 장문의 편지
창의 왼쪽을 바라보는 난
새벽까지 한 문장도 빠져나오지 못했다

하루는 생의 마지막처럼 저물고
나는 강가에 서서
오지 않을 즐거운 것들을 생각한다

당신이 등을 두고 간 자리에서
젖은 돌 하나를 주웠다
모가 닳았다
동글해져야 하는 것에 대해 생각할 시간

당신은 가장 깊은 수심에서 건져 올린 돌
다시 던져 강으로 돌려보낸다
수면에 그려지는 동그라미

자꾸만 당신 얼굴이다

—「이별을 읽다」 전문

이별을 원치 않는 사람에게 "이별은 이해되지 않는 장문의 편지"와 같다. 그것은 이해되지 않지만 그 의미를 해독하기 위해 몸부림치게 되는 편지이다. 때문에 시인은 지금 이별을 '읽는다'고 말한다. 왜 떠났는가. 왜 헤어져야 하는가. 왜 돌아오지 않는가. 이별을 원하지 않는 만큼 만남에의 열망은 더욱 강렬해진다. 이별의 의미가 해독되어야 만남의 가능성을 예측할 수 있기 때문이다. 그렇다면 '이별을 읽는다'는 표현은 만남을 기다리다 그리움에 사무친 어떤 자아의 내면 풍경을 드러내는 적실한 언어가 된다.

따라서 쓸쓸함이 고독의 한 양상인 만큼 이별로 인한 그리움 또한 고독의 다른 양상이다. 「이별을 읽다」에서 이 사람은 '이별'을 읽으면서 '그리움'의 깊이를 재고, 그것을 통해 고독한 존재자의 내면에 귀 기울이고 있다.

흙비가 내리네

가죽나무 지붕에 우박처럼
어두운 냉 골방
단정히 깎아준 손톱으로 벽을 긁어보네

잘린 시침은 더 이상 돌지 못하네
설령, 당신이
가지런히 모아 묶어둔 손목에 시계를 채워준다고 해도
되돌아갈 수 없으므로

북향으로 눕혀진 몸은
한 계절 내내 거미줄에 널어둔 모시나방의 껍질
뒤집을 수가 없네
희망과 절망이 시소를 타는 동안
발가락 마디가 궁리하네

당신의 이름 모양으로 벌어진 입술
의식은 자꾸 일어서려 하지만
혀는 체념을 배워가네
이젠 오래 잠드는 법을 배우기로 하네

마을 쪽으로 마무리되는 울음소리

갑자기 귀가 환해지네

아직도 떠나지 못한 것은 두 손이
지붕을 다지는 소리

—「입관 후」 전문

앞서 언급한 대로 고독을 조형하는 이사람의 시편들은 (1)이별과 사랑, (2)죽음과 삶, (3)아버지와 어머니 등으로 유별할 수 있는데, 이 작품은 그 두 번째 국면을 함축하고 있다. 본격적으로 죽음을 다루고 있기 때문이다. 입관 전후의 사정을 묘사하는 절제된 언어가 비극성을 심화시키고, 외부 묘사를 넘어서는 내면의 흐름을 적절히 가미시킴으로써 「입관 후」는 박목월의 「하관」을 잇는 한 편의 빼어난 레퀴엠을 이룩하고 있다.

놀랍게도 「입관 후」는 상주나 조문객의 관점이 아니라 망자의 시각에서 접근하고 있다. 시는 첫 연 첫 행부터 "흙비가 내리네"라면서 관 속에 누운 이의 육성을 전한다. 관 속은 "어두운 냉 골방"이다. 그 속에서 망자는 '단정히 깎아준 손톱으로 벽'을 긁어본다. 이승과 저승을 넘나들지 못하고서는 풀릴 수 없는 도저한 슬픔이 보이고, 돌아간 이와 산 자들의 세계가 근본적으로 단절된 데 대한 한탄이 보인다.

그러나 이어지는 시행에서 "의식은 자꾸 일어서려 하지만" 결국은 "혀는 체념을 배워가네/이젠 오래 잠드는 법을 배우기로 하네"라고 함으로써 단절을 넘어서는 시적 통찰이 번뜩인다. '이별'과 '사랑'이 구별되지 않는 하나를 이루듯 죽음 또한 삶과 분리되지 않는다. 이사람은「입관 후」에서 생의 다른 이름이 죽음일 수 있다는 메시지를 전하고 있다. 죽은 자의 시점에서 발언하는 '역전된 주체'는 분명 고독을 조형하는 새로운 언어라고 할 수 있다.

물 한 번 준 적 없는 손톱은 왜 쑥쑥 잘도 자라고 잘 자라던 손톱은 왜 한쪽이 납작하게 주저앉다 갈라지고 신문을 깔고 손톱을 깎는 저녁은 왜 시들어가는 무청처럼 쓸쓸한 건지

정류장에서 마주친 가을비는 왜 얼음송곳처럼 아프고 신발장에 거추장스럽던 우산은 왜 이럴 땐 손에 없고 온종일 쫓아다니던 빗소리는 왜 새벽 잠결에서도 시끄러운 건지

지난 주말에 산 구두에 왜 뒤꿈치는 물집이 생겨 까지고 반창고를 붙이고 며칠을 절뚝거리면 왜 굳은살은 그리도 쉽게 붙고 헐렁해진 발을 씻다 굳은살을 더듬으면 왜 뒤꿈치는 그리도 아득한 건지

기다리지 않은 이름들은 왜 우체통에 안부를 놓고 가고 비가 들이쳐도 그 이름들은 왜 번지기만 할 뿐 지워지지 않고 집주인을 닮은 우체통은 왜 비우지 못하고 자꾸 담아두

려고만 하는 건지

그리고 그 이유를 물어볼 당신은 왜 또 세상에 없는 건지

–「왜」 전문

여기 한 절정의 국면이 있다. 이사람의 이번 시집을 관통하는 고독과 쓸쓸함과 그리움의 내력을 보여주기 때문이다. 작품이 보여주는 대로 모든 것은 '왜'라는 질문 앞에 있다. 질문의 내용은 '쑥쑥 자라는 손톱'부터 '가을비'와 '우산'과 '빗소리'를 거쳐 마침내 '세상에 없는 당신'에 이르기까지 '세상의 모든 것'이라고 할 수 있다.

인간은 누구나 자신이 선택한 세상이 아니라, 자신을 선택한 세상에 태어나 살다 죽는다. '내'가 아는 세상이 아니기 때문에 삶은 근본적으로 '왜'라는 질문과 함께한다. 그렇다면 여기서 고독의 또 다른 양상이 드러난다. '물음' 혹은 '질문'은 이사람이 고독의 세목에 추가한 새로운 키워드이다. "그 이유를 물어볼 당신은 왜 또 세상에 없는 건지" 그러므로 우리는 모두 '시들어가는 무청처럼' 쓸쓸하다.

어머니는 새가 되고 싶어 했다
아버지가 돌아가신 후,
물결이 치면 물새가 되어
바람이 불면 바람 새가 되어

어딘가로 훨훨 날아가고 싶다고 했다

어머니는 새를 닮아갔다
두 다리는 싸릿대처럼 깡말라가고
뼈는 수수깡처럼 비어 몸은 가벼워지고
간혹, 잠을 설친 새벽
이불을 털면 새의 가슴 털이 날렸다

말은 안 했지만, 입고 있는 그 웃옷 속에
성글지 못한 날개를 숨기고 있었다
아마 날개에 힘이 붙으면
어머니는 새가 되어 날아갈 것이다

어느 가을날, 문득 안부 전화를 걸거나
가을 서리에 시든 화분이 즐비한
현관문의 초인종을 누르면
이미 멀리 날아가고 없을 것이다

눈에 익은 낡은 옷가지들과
한여름용 샌들
그리고 벽에 걸린 낡은 액자 속에서
아직도 웃고 있는 아버지를 두고

–「지구에서의 마지막 여행」 전문

그러나 삶이 고독하다면, 죽음은 고독의 붕괴를 의미한다. 존재자가 홀로서기를 그치고, 존재라는 함께 있음(Miteinandersein)의 지평으로 상승할 때 그것은 어쩌면 영원한 자유의 경지일지 모른다. 「지구에서의 마지막 여행」은 바로 이런 차원을 웃음의 페이소스 속에 구축하고 있다. 이 작품은 이사람 표 고독 조형의 세 번째 항목인 '아버지와 어머니'가 동시에 나오는 작품이다. 아버지는 돌아가셨고, 어머니 또한 그 경계선에 도달해 있다.

작품은 시종 웃음을 잃지 않으면서도 정련된 언어 속에 짙은 슬픔을 내포하고 있다. 웃음의 근거는 '죽음'이 시사하는 고독의 붕괴로 추정할 수 있고, 슬픔의 뿌리는 '삶'이 본질적으로 고독하다는 데 있다. 실제로 그렇다. '어머니'는 '새'가 되고 싶어 했다. 심지어 '새'를 닮아가기도 했다. 그러다가 어머니는 마침내 '액자 속에서' 웃고 있는 아버지를 두고 날아갈 것이다. 여기서도 우리는 삶과 죽음을 구별하지 않는 이사람의 시적 인식이 번뜩인다.

이렇듯 이사람의 시집 『지구에서의 마지막 여행』은 이별과 그리움, 삶과 죽음, 아버지와 어머니를 디딤돌 삼아 한없이 쓸쓸하고 슬프고 안타깝고 그리운 생의 비의를 고독이라는 틀에 주조하고 있다. 그러나 생의 여러 국면을 모두 거쳐 온 고독은 결코 단편적이고 표면적인 우울의 표정에 그치지 않는다. 이사람의 시적 언어 속에는 현상학의

철학적 존재론에 육박하는 고독의 조형이 이루어져 있다. 그의 고독에는 웃음이 있고, 그의 죽음에는 삶이 있으며, 그의 이별에는 그리움이 있다.

어제저녁에서야

밥 한번 먹자던

오래전

그 친구와의 약속을

난 지킬 수 있었다

—「친구의 장례식」 전문

이런 깨달음이 있어서 이사람은 고독이야말로 우리 모두 너나없이 겪어야 하는 삶의 본질이라는 사실을 시화할 수 있었다. 그렇기 때문에 우리는 이러한 그의 세계가 어디를 향해 나아가는지 주목해야 하는 것이다.

시인수첩 시인선 073
지구에서의 마지막 여행

초판 1쇄 인쇄 2023년 8월 2일
초판 1쇄 발행 2023년 8월 11일

지은이 | 이사람
발행인 | 이인철

펴낸곳 | (주)여우난골
주 소 | 서울특별시 강남구 언주로30길 27, 606호 (도곡동 우성리빙텔)
전 화 | 02-572-9898
팩 스 | 0504-981-9898
등 록 | 2020년 11월 19일 제2020-000328호

블로그 | blog.naver.com/seenote
이메일 | seenote@naver.com

ISBN 979-11-92651-12-5 03810